D1729752

SV

ROBERT SCHINDEL
FLUSSGANG

Gedichte

Suhrkamp

Erste Auflage 2023
Originalausgabe

Umschlaggestaltung: Rothfos & Gabler, Hamburg
Umschlagillustration: Nina Gross
Satz: Satz-Offizin Hümmer GmbH, Waldbüttelbrunn
Druck: GGP Media GmbH, Pößneck
Printed in Germany
ISBN 978-3-518-43140-5

www.suhrkamp.de

Für Theresia Ritter

Kalt kam die Frühe im Krähenflug.
Peter Huchel

...
das gründende Tal
und das ewig sich fortschreibende
immer zu kurz kommende Gedicht.
Elisabeth Borchers

KAPITEL 1

In alter Haut fühl ich mich splitterneu

Das Vogelgezwitscher

Das Vogelgezwitscher draußen
In der Frühe wie wichtig
Wird es mir
Wenn ich es vernehme nach dem Wachwerden

So kann ich daliegen
Kreisle mit meinem Körper
Das leere Ding ein
Aus dessen Mitte
Die bunten Vögel
Meine Atemzüge
Bezwitschern

Der Kreisel

Bidne neschume

1

Ich schleife mich allmählich
In meinen Kreisel ein
Es flitzen Gesichter vorüber
Denn es kreiselt
Bis ich zur Maserung
Meines Kreisels werde

2

Nicht die Roten Schuhe
Der Kreisel lässt mich tanzen
Und je länger ich kreisle
Desto schnaderhüpflerischer werde ich

3

Winde martern den Kreisel sie peitschen ihn
Regengüsse waschen die Maserung ab
Die Zeit verlangsamt das Kreiseln

4

Es kommen die Artisten und peitschen den Kreisel
Die Magiere erscheinen und taufen den Kreisel

Er heißt nun Rabisselbaum und alsogleich
Kreisle ich bis ich den Zitterrochen kann

5

Jetzt bin ich brüchig worden und scharte vom Kreisel ab
Als Tränenrost häufelt es mich in den Daseinsecken
Von dort seh ich die Zeit hinausfließen aus dem Haus
Der Kreisel löst sich und pempert durchs Fenster

6

Es hat mir nicht übel gefallen
Dieses Leben wie auf einem Esel
Um den die Kreisel kreiselten

7

Kreiseln in den Olim
In den jiddischen Fiedelbruch
Auf auf guter Tod erwache und
Peitsche den Kreisel aufs Neue

Flussgang

Irgendwie rauscht mich das Sterben an
Jemand geht mit schräg aufgesetztem Hut
Durchs Kornfeld und macht sich
Die Ähren zu Schneeflocken welche einst
In den offenen Mund fielen denn Obdach
ist nicht da dieses Rauschen anhebt
Die alten Vögel schweben über den Auen

Ich gehe den Fluss entlang ostwärts
Und grüße die Entgegenkommenden
An meinen Leisten streicht
Der Herbstwind vorüber

Die folgende Nacht mag nicht kommen
Im Osten hellt es auf und
Die Hunde die aus meinem Traum
Wie durch einen Reifen gesprungen sind
Beginnen ihr Tagesgebell
Das Sterben rauscht mich an wenn es
Zwischen den alten Bäumen herausschweigt

Die Mondnacht in der mir der Reis ging

Les loups sont entrés dans Paris
Serge Reggiani

Aus einem der geöffneten Fenster meiner Heimstatt
Blicke ich hinaus auf die Straße mich weht dabei an
Ein schwacher Cousin des herrschenden Westwinds
Er verteilt die Tränlein im Fassungslosen meines Gesichts
Unten die Straße entlang laufen Hunde
Dem östlichen Wolf entgegen der sich
Mit offenem Maul in Simmerings Straßen bewegt
Den Foxln entgegen kommt mein Blick
Ein schwarzer Bogenlamper erfasst die da und ihn
Der in die Schlachthausgasse hereinbiegt

Saufgolo und Schnupfferdl Schulter an Schulter
Kommen die Schnirchgasse entlang
Der Wolf aber schaut an den beiden vorbei
Nach hinten zur Foxelei bleibt stehen der
Fast volle Mond mag vom ganzen Getier unten
Angesungen werden Geheul Gebell das ist ihm eins da
Komme ich schon daher in den Zweierschlapfen
Links den Foto rechts ein mackiehaftes Küchenmesser
Denn wenn nicht die Foxln der Isegrim ist berichtspflichtig
Muss mir sein Sosein in den Poetenhut sabbern aber

Er ohne mich zu berühren schreitet vorbei nimmt den ersten
Foxl den mit braunen knopfigen Augen und beißt ihm
Den Schädel herunter würgt danach beträchtlich
Ich will obwohl die andern Foxln mir schnurz sind dem
Wolf in die rechte Weichseite treten rutsch aus und fahr
Mit den Beinen dem Wolf an die God so geschiehts doch
Dass er sich mir zuwendet setzt an zum Sprung da

Hängen ihm die Foxln am Arsch und auf der Rute
Die letzte Tramway kommt vom Gürtel heruntergeschossen
Ich lache die Foxln aus mit den Händen auf den Schenkeln

Den Popsch in der Höhe der Fahrer bimmelt die Foxln an und
Die springen links und rechts beiseite der Wolf mit dem letzten
Der Foxln in der Goschn blickt der Bim knurrend entgegen
Mault und schon fällt das Hunderl runter da ist der Achtzehner
Schließe ich das Fenster oder lass es geöffnet weils warm ist
Geh zurück ins Bett merke im Erwachen dass ich eh im Bett lieg
Die Nacht ist mondlos und Isegrim hat bloß meine Scheißangst
Gefressen eigentlich das Scheißerne an der Angst
Den Restreis bin ich gewöhnt greine ein bissl bis er in den
Schnarch übergeht dessentwegen meine Frau mich wachboxt

Senex I

I

Die Verwandlung meiner selbst vom krautigen Erdteilchen
In die Eisscholle welche glatt und bläulich
Die Mitte des Flusses haltend
Hinabschwimmt an den Palisaden des Lebendigen
Vorüber vorüber an Lachchören und an Schwankenden
Die unter heftigen Wirtshausbedingungen leiden

Scharf umrandet und wellenfeindlich
Gleite ich dahin kalt die Sonne über mir
Freundlich und geschwisterlich
Der Polarstern

Bald sitze ich und wiege mich
So kommts mir vor
Auf der Deichsel des Großen
Wagens und ziehe durch sämtliche
Dunkelheiten hin zu den Lichtern

Zurückgeholt mit dem Stimmungslasso
Das Verwandlungsbild an dessen Rahmen
Die Ösen das Tau aufnehmen

Stattdessen zwischen den Mahlersymphonien
Den Buschwerken die auf Geröll wachsen
In denen ich hocke und anfallenden Geräuschen lausche
Senkt sich die Freude meiner späteren Jahre nieder
Sie landet im Gefieder eines Resttraums
Bevor ich mich aufsetze

2

In der Abenddämmerung auf den Morgenwiesen
Zwischen den Kohlweißlingen daliegen
Die Picknickdecke unter den Lungenflügeln und
Der Ärger über Flaubert der langsam weicht
Wie anderer Ärger auch lassen mich auflachen

Der Sternenhimmel der augustene über mir
Die Heimstatt das dunkle Lächeln
Das Pochen
All das Gegenwärtige
Greift

Im Schneegestöber

Im sonnigen April des Jahres Neunzehn
Die Bäume stehen so und stehen anders
Ich bin bei denen und mag keine Leut sehn
Vor mir die letzte Kurve des Mäanders
Erklommen mit dem Rückenwind der Schrecknisse
Da sie mit Leuten heizten ihre Paradiese
Und Kirtag hielten auf der braunen Wiese

Den Schlangenweg hinunter und vorüber
An Friedhöfen und Fichtenstreu
Das Herz recht weich die Augen trüber

In alter Haut fühl ich mich splitterneu
Bis die Metapher kommt: Bei Sturm und Flocken
Schnee im April bis über beide Socken

Ich merke nun hundstief wie Jahreszeiten
Mich angewidert in das Tal begleiten

Erker der Schüttelhütte

1

Mein Tisch steht im Erker der Schüttelhütte
Er ist ausgezogen damit ich
Das Fürchten lerne. Um ihn herum
Könnt ich mich durchzwängen wenn ich
Die Sessel auf
Ihn gestellt hätte

Jedoch auf ihm liegt mein Fürchten
All das Ungelesene kriecht aus dem Schriftlichen
Durchquert das Buchstäbliche

2

Auf meinem Tisch im Erker der Schüttelhütte
Brutzelt ein Informationsgulasch. Ich höre nicht genau
Was das Finanzamt den Ärzten ohne Grenzen
Zuwispert

Die Buchstaben spindeln mir
Meine Zukunft zufurcht
Mittig in gestochener Schrift
Ein Brief: »Werden wir uns in diesem Leben
Noch sehen?« Dein Wolf

3

Von Zeit zu Zeit mit vier Händen
Schaufle ich die kaltgewordnen
Informationstrümmer in den Mist.
»Halt halt« schreit wer
»Erst ansehen erst riechen
Anlecken
Lutschen
Probeschlucken
Dann
Weggeben
Überantworten
Dem Mundfunk der Citylurche«

4

Wenn Gäste kommen decke ich
Den ausgezogenen Tisch
Mit Verlegenheit und Lächeln
Beides vom Fürchten gelernt daher
Hat dieses Lächeln
Propere Mundwinkel

KAPITEL 2

Du nimmst die Hand und küsst mich noch

Travestie

In den Zwischentiefen, Korallen gibts keine,
Fischmäuler oval und riechend, Kaulquappen verstorben,
Komm ich auf einer moosigen Felsnase zum Sitzen,
Möchte von dort Wörter aufsteigen lassen,
Die an der Oberfläche wie Fliegenfische nach Oxiden gieren.
Zwar wechseln die Jahreszeiten,
Aber Gedanken bilden sich daraus nicht, ein Gegenwartschor
Brummt Zukunft. So perlt es um
Meinen Felsenthron. Weißfische wie Boten
Rufen Haie herbei, die segne ich, Finger auf Schnauze.
Sie sind entlassen nach Vineta, denn dort
Fehlts an Unterhaltung. Angstlos und flachblickig
Purzeln einödige Wesen auf ihren Gschnasnasen herum
Oder schalten auf Kiemen beim Tatgeschehen.
Urahn Poseidon so wie sein Bruder Hades, der aber,
Nicht gewässert und algengekrönt, macht mir
Die Aufwartung, indem er herkommt, ich möge
Seine Schwimmhäute küssen. Ich mach nix,
Sodass er abtaucht, um sich bei der Schattenversammlung
Seines Bruders zu beschweren. Taggrau sickert
Sonnlicht in meine vom Feuchtsand verklebten Augen.

Ich springe auf. Sowas von Selbst und Selber und Jemand
Und Schöpfergeschöpf, sage Mutabor, überhole
Durch rasches Dabbeln den Nachbarn im Stiegenhaus,
Öffne das Tor zur Schüttelstraße, und schon muss ich
Mit wuchtigen Tritten die kläffenden Foxln über den
Donaukanal flanken, dazugehörige Frauchen und Herrln
Mit unbehundeten Leinen in Händen gaffen und beginnen,
Den Viechern hinterherzuweinen, eine Revue.

Im Kaffeehaus schaue ich auf die Uhr und entnehm ihr,
Dass ich schon fast achzig Jahre sitze am Felsendom,
Wenn nicht dreitausend. Es ist Zeit, dass die Zeit vergeht.
Nun übernehmen die Haie.

Fehlerchen

Obwohl ich bereits gestorben bin
Höre ich durch mein Fenster im Erker
Vogelgezwitscher.

Fink Star Drossel
Fink Star Drossel
Pirol

Pfingsten

Für Theresia

Waren wir auf dem Loser
Diesem Portier des Toten Gebirges
Und fahren herunter mit dem alten BMW
Unserem Ludwig die Serpentinen
Lieblich die Frühlingsblumen am
Straßenrand lau der ganze Tag
In der fünftletzten Kurve
Ein großer und ein kleiner Fuchs
Vater und Sohn
Mutter und Tochter
Fahren sich
Mit den Pfoten ins Gesicht
Und kreiseln bis wir
Daherkommen wir schauen
Sie aus dem Auto an
Sie schauen zurück
Wir rollen weiter ich frage
Raissa waren das Füchse
Angekommen beim See
Gehen wir noch ein bisschen
Schauen hinauf zum Loser
Diesem Portier des Toten Gebirges
Der Füchse beschäftigt

Ich möchte es wieder haben

Ich möchte es wieder haben wie niemals
Neben dem Gänseblümchen heraufkommen mit Scheitel
Gebeugtem Knie und ein Gedicht im Notizbuch
Betrete ich die Zimmer schließe die Tür

Gedanken fliegen
Wie Papageien unterm Plafond es krächzt
Mir aus der Brust ich möchte
Wiederhaben des Albatros dunklen Gang

Doch es geht verloren ich sinke zu Dung
Das Gänseblümchen beschirmt mich
Im Strecken rieselt das Gedicht Wort um Wort
Ein löchriger Sandbeutel ich erhebe mich

Gehe hinüber zu den Sandbänken
Zu verkohlten Disteln aus denen
Etliche Speisemorcheln schnattern
Ach ich mag wiederhaben die Flusslandschaft
In mir das Gedicht in den Kiefern

Die Liebeszange

Ich sitze auf dem Badewannenrand
Und geb dir meine Seifenhand
Das Wasser rinnsalt in das Loch
Du nimmst die Hand und küsst mich noch

Ich stehe auf und ich bin dampfig
Du gegenüber es ist krampfig
Ich drücke meinen feuchten Leib
Ein bisschen an dein Seidenkleid

Du weichst zurück schaust in den Spiegel
Hängst ausgezogen das Textil auf einen Bügel
Durch Flecken und durch Falten grau
Der gelbe Fetzen im Verhau

Hernach bist du hinausgegangen
Hast dir das Ärgermonster eingefangen
Ich geh dir nackt ins Zimmer nach
Und werfe mich in mein Gemach

Die Stunden rinnen du bleibst fort
Sitzt du verzagt auf dem Abort?
Dann merk ich du bist abgereist
Ich schnalle gar nicht was das heißt

Sechs Jahre später treff ich dich
Geh um ein Eck und bitterlich
Beginne ich zu weinen
Und seh die schwarze Sonne scheinen

Wir sind nun beide im Perdu
Denn nächsten Tag in aller Früh
Hast du mich wütend angerufen
Du sitzt seit Stunden auf den Stufen

Vor meiner Wohnungstür ich reiß sie auf
Du eilst herein in raschem Lauf
Und setzt dich auf den Wannenrand
Greifst hastig mit der trocknen Hand

Mir an die Brust und an die Schulter
Ich lächle und ich überkulter
Die alte Liebe auf sehr frisch
Dann legst du Kirschen auf den Küchentisch

Frühe

Als ich klein war ein junger Blitz mit hellen Zähnen
Als die äußere Hülle der Augen wunderbar und die Blutgefäße
Als ich noch nicht eindunkelte an Haar und Zahn denn
Es gruben sich bereits die Adern wie Würmer
In die kommenden und gewaltigen Ausnüchterungen
Des Erwachsenwerdens als ich noch lupenrein war
Zornlos kamst du herein in unser Haus und gingst los
Auf mein Herz. Ich sah dich in der Küche sitzen und schon
Verwandelte sich das Lachen der Mutter in ihr gebrochenes
Und trockenes Keuchen.

Unverdrossen hingst du bei den Fenstern mit deinem Parfum.
In meinen Träumen bliebst du im Kleiderkasten verborgen
Oder du schliefst unter meinem Bett. Ich sah dich in den Nüstern
Des Hundes zusammengestaucht und lauernd auf den Knall.

Als ich sechzehn wurde trafen wir einander wieder du schlank
Im weißen Unterrock während ich schluckend und unversehens
In den ersten Vollrausch glitt. Es war im Hinterhof eines Freundes
des Nachts und die vom Feuer erleuchteten Bäume hielten die Äste
Ins Dunkle. Die Sterne zitterten und Stimmen liefen über den Rasen
Ohne solche Wörter wie Punker ficken Schwuchteln. Die Wörter
Ziellos bedeutungslos. Die Schneiden der Silben lösten sich

Von den Geräuschen waren frei von Erinnerung. Du unter uns
Und einer mochte dich nicht nur so küssen da kamst du mir
Entgegen überrascht dass ich erwachsen und eingedunkelt.
Du aber warst dir immergleich. Ich hatte die Angst verloren.
So nahm ich dich an meinen Mund atmete dich ein bis in die Frühe

Wenn wir uns wiederfinden

Liebste zwischen zwei Schlafklüften
Bin ich aufgezwergt und rage
Aus der Tuchent betrachte
Eichelhäher die Martinigänse
Am Teich haben arglos die Schnäbel in die Flügel gesteckt

Alles ruht in meinen Nüstern
Verfängt sich fränkischer Duft ich richte
Mich auf zwischen den Schlafklüften
Niedergezwungen von den Vorgeschwadern
Der Müdigkeit

Die reißen mich fort in ein Karree
In welchem künftige Träume umherpurzeln wenn
Wir uns wiederfinden am Ende
Des Schlafes Wimpernschlagduett
Dann ziehen die Schatten davon

KAPITEL 3

Nächtens wach und morgens müd

Bei anhaltender Stille

Bei anhaltender Stille
Kommt näher und näher
Der fleckige Habicht
Aus beträchtlicher Höhe
Schaut er auf meinen Schädel
Ignoriert die Schuppe
Stürzt auf die Nachbarwiese
Und entfliegt mit eckig aus dem Schnabel
Heraushängendem Krötenbein
Eine Maus war ins Fuchsloch geflohen
Der dösenden Füchsin
Direkt vors Maul ich nehme
Die Brille herunter ziehe
Am Zipfel das Schneuztuch
Aus der Hosentasche
Ein Zug fährt vorüber ich muss
Ihm hinterherwinken
Schneuze mich dann
Setze mich zwischen Grasbüschel
Auf einen Stein der kühlt

Wie durch den grauen Tann

1

In den Müdigkeiten schwimme ich neuerdings
Wie in einem moorschläfrigen See
Auf den Munterkeiten reite ich
Wie durch den grauen Tann

Aber das Sitzen im Sessel
Mit den Genossen Kniescheiben unterm Kinn
Macht pfefferglücklich wenn dazu die Zeit fiedelt

Bevor ich einschlaf besänftige ich die Hoden
Kaufe beim Vormorgenkiosk zwei drei Träumlein
Damit sie meinen Erdboden streifen und betrüffeln

Doch falls ich liebe brustvoll mit Lichthalmen
Steigen meine Leute von den Schattenrössern
Und grüßen und ich nehme die Schultern zurück
Behalte hiebei den Grashalm im Mund

Von hinten die Melodie
Derentwegen ich bin
Von vorne gestirnte Wörter
Geliehen zwecks Teufel und Tod

2

Morgenfrüh stehst du auf mit mir
Wir trinken Kaffee und aus dem Fenster
Betrachten wir Fluss und Ufer

Nachts leg ich mich hin mit dir
Wir bebücheln den Vorschlaf
Hernach Ohr um Ohr aus den Haaren

3

In den Müdigkeiten schwimme ich neuerdings
Wie in einem moorschläfrigen See
Auf den Munterkeiten reiten wir
Wie durch den grauen Tann

Nachtbild

Eingekesselt vom Unschönen
Hocke ich auf meinem Drehstuhl
Greife indes mir die Hemdsärmel
Über die Ellenbogen rutschen
In zweien meiner Plafondecken
Kriege sie mit den Fäusten
Nicht zu fassen öffne sie
Unangenehm träufelts in die Handflächen.
Bang so bang
Wirds mir in Brust und Leisten.
Gedanken aus Bitternissen durchplustern
Den Schädel als wären es schwarzgrüne
Käfer bis mir der Drehstuhl
Umfällt sodass ich auf dem Rücken
Zu liegen komme. Die Knie ragen
Als halbhohe Baumstümpfe empor die
Mir den Himmel zustellen.

Schließlich senkt sich dieser herab entlässt
Seine gelbknopfigen Sterne lastet
Auf meinem Leib schrundet.

Bevor ich aufschrecke
Werde ich noch den Buckel
Des grünen Fiakers sehen. Der
Peitscht seine beiden Klepper
Während es orgelt.

Im Hospital

Dohlen mit Extrasystolen
In meinem Blut
Einige Kleinstsonnen
Gegen die größere Schwäche
Liegen vor dem Einnehmen
In der Handfläche

Glasnacht

Kristalline Nacht das Schwingen der Äste
Im beginnenden Sturm unter scheppernden Laternen
Setzt sich fort unentwegt in meinem Schädel.
Auch als die Stille herabsteigt vom Orion die Galgen
Von einst aufgestellt für künftige Zeiten
Ächzen. Die umstehenden Weiden müssen tanzen
Mit den Wipfeln. In den Schlingen der Galgen
Keine Köpfe keine Hälse. Die SS-Männer gestorben
Im hohen Alter. Ich steh auf schau aus dem Fenster
Auf den Fluss. Die Sterne verschwinden.
Kein Vogel im heller werdenden Himmel
Kein Flugzeug keine Entleerung aber
Die schwankenden Äste und doch ein Tödchen
Auf der nahen Autobahn. Als es tagt
Ist das »ganze Ausmaß ersichtlich«. Die Wintersonne
Geht auf der Traum entfliegt
Meine Kiefer schmerzen
Das Herz wieder jung.

Aus der Wundflöte

Wenn der Waudowin
Schwefelt vor sich hin
Und zerbeißt nervös
Mein Seelengekrös

Sodass ich schwimme schwimme
In der Wehturinne
Die Sonne fliegt davon
Zu ihrem roten Balkon
Ich durchschreite mein Gebiet
Nächtens wach und morgens müd

Über deduktive Liebe 4 (Fersen)

Warum ich, sintemalen ich, nicht ich
Dennoch binnen Innenfrist
Beide Fersen abliefern muss, ist
Mir, sintemalen dir, nicht nicht erinnerlich

Wir sind doch liebesartig so vermantscht,
Dass meine Fersen, deine Fersen, wurscht,
Seelenmäßig sinnlich so verpantscht,
Dass ich Durschtteil bin von deinem Durscht

Und du von meinem. Du und ich getrennt?
Nie und nimmer. Trag ich deine Fersen,
Nachdem man unterschieden uns nicht kennt,
Liefer ab sie, bleib bei meinen Versen.

Schmerzbruder

Der Schmerzbruder
Im Kreuz
Der mir gelegentlich
Schreibt mit Kohlestift
Sodass ich krückenlos
Allmählich vorankomme
Auf diversen Qualboulevards
Mit Feuerschrift aus Zukunftslettern
Überm Steiß

Ich beantworte deine Briefe
Nicht Bruder und
Lass grüßen

KAPITEL 4

Es ist die altneue Carambazeit

Endspiel

1

Der Spott über den gesunden Menschenverstand
Und die Achtung des gesunden Volksempfindens
Die Quetsche lässt die Musik rinnen die Töne
Bluten ein der Rhythmus eitert aus.

Und das Quadrat ist der Tod der Feldtod der Ehrentod
Der schlachtene
Der heilige Tod
Spott und Achtung verbröselten im Bann der Zeit
Ein schwerer Sand packt die Tode ein

2

Es ist die altneue Carambazeit
Es ist ein altneuer Menschenverstand

Brunnen ohne Schöpfer Pumper und Trinker
Eine Gesundheit ohne Organismus

Der Kuckuck und die Eule der Eichelhäher und die Drossel
Ein Quartett des Naturschönen
Wird leise und verstummt
Die Tiere halsen sich ab
Fichten verneigen sich bei diesem Sturm

Zu Beginn des Sturmes

Im Wald aus dem der kleine Wind zu kreiseln beginnt
Die Blätterscherben des Vorjahrs beschäftigen ihn
Zieht die Dunkelheit herauf steigt zu meinen Lippen
Der ich am Waldrand eingeschlafen bin ich gurgle auf
Und sehe den schwarzen Vogel wegfliegen

An der Ecke Ibn Gabirol

An der Ecke Ibn Gabirol und David HaMelech
Unter der trumpfhaften Aprilsonne
Ausgestreckt auf einem Sessel der Brasserie
Spüre ich den Wind der die Wolken vom Meer
Über das Land treibt. Vorübereilt das tausendfüßige Israel
Stehend trotz aller Blutwunden Ächzen Zähne knirschen.

Nun legt die Sonne zu ich sehe zum Schatten hinüber.
Unbewegt das begonnene Jahrtausend.

Rustenschacher Allee

Wie schmierten die Blätter
Bei wenig Wind
Den Raum zwischen ihren Stammkronen
Und der Allee aus
Wie wischten sie das Gemück
Zu den Wiesen
Und wie musste ich
Stolpern über das vorletzte Blatt
Rennen mit voreilendem Schädel
Bis zum Sturz
Kleine Gedanken
Spritzten nach oben

Für Vinzi

Diese Ortlosigkeit
Inmitten der Orte
Hundertfenstrige Häuser
Sehen auf ihn hinab
Tausendäugige Leute
Sehen an ihm vorbei

Die Mütze juckt
Die geborgten Einlagen drücken
Er geht einher
Er steht im Wind
Ein Königspudel schnüffelt an ihm

Diese Zeitlosigkeit
Am Rande der Zeit
Ihm stürzt der Bart aus dem Kinn
Es rollen wasserlose
Es rollen salzlose Tränen
Seine graue Haut hinunter
Seine Jacke

Glitzerndes Einst
Von dem er weg ist
Brennendes Einst
Auf das er zusteuert
Er bleibt stehen denn
Jemand bindet ihm
Die Schuhbänder zu

In der Au am Fluss schließlich
Sitzt er im Gras das Wasser

Wie ruhig zieht es vorüber
Er streckt sich und auf des Schlafes
Rumpelndem Trog geht es dahin

Exul London

London ist verpunktet vom atemlosen Leben der Damaligen
Und ich kann schlendern in Tottenhams Crowland Road.
Es wispert aber nicht aus den Hausmauern heraus
Wie im heutigen Lemberg. Dort gurgelt
Immer noch das Blutmeer hier aber
Sind die soliden Menschenburgen fein beregnet
Und werfen ihre Schimmer in meine Augen.

Die damalig Verjagten waren aufgefangen in Britannien
Schlafen inzwischen tief. Gelegentlich verirre ich mich
Im Geschnarch vergangener Zeiten und
Bin bei ihnen.

An der March

Ein Fächer auf den Acker geworfen
Ein Chinasouvenir im Marchfeld
Von oben aus Mähren kommt der Grenzfluss
Herunter es plätschert es rauscht gar
Wolken verziehn sich die Grashalme
Aus unseren Mündern kreuzen einander
Als wir da knotzen an der Böschung
Mit nackten Zehen
Die ein schwarzblauer Hirschkäfer ankrabbelt

Du greifst zum Fächer er lässt sich nicht öffnen
Da nehm ich ihn und werfe ihn in die March

KAPITEL 5

Bisweilen vernehme ich das Knistern des Daseins

Aussichten

Für Hans Joachim Schädlich

Wenn bereits in den Einflugschneisen
Neuer Unternehmungen und frischer Tathandlungen
Sich Müdigkeiten ansammeln und
Schmutzhypotenusen bilden wenn
Im neuen Terrain die altbekannten Lurchmäuse wuseln
Dann stehe ich im Schatten meiner selbst.
Das Unschlüssige tickt mir im Kopf

Ich gehe in die Zukunft hinein diese
Bretterbude zusammengehalten bloß von
Nägeln die aus Schnappwörtern geschmiedet

Schwebebalken

Der Mauszeiger dringt ein in die Advokatur der Wahrnehmung
Sodass überfromme hängende Fledermäuse den Flatterich
bekommen.
Diese Dahinschwirrer krallen
Meinen Schwebebalken als Tagesstätte.

Hinter der Advokatur weiten sich die Spiegel
Im Kehlkopf. Das Adamsäpfelchen wohin rollt es
Wohl zur Brucknersinfonie. Aus Notenpulten
Fallen transsilvanische Dorfnamen
Mischen sich mit Ardennenoffensiven.

Ich gehe auf *verwandt.de* da aber
Schießen mir alle Menschenkinder ins Bitterkraut
Sodass ich mich herunterfahre bis zu den Eingangspforten
Von Mausfallen. In ihnen hockt die Wahrnehmung
Und verdaut Rechthabereien. Die schweben und schwirren.

Zwänge

Im Eigenmantel der Nacht
Bin ich zusammengekauert
Die Bitterkeit quert
Die Gedärme hinterm Rücken
Steigt die Morgensonne hoch
Bis in den Leisten Hitzeblitze
den Schritt versehren

Die Angst beginnt
Im Knarren sich aufzufalten
Dringt per Schreieinheit in die Kehlen
Erfasst Kohorten der bislang Zufriedenen
Sodass das rhythmische Kehlkampflied
Zwischen Gebell und Geheul
Den Davonmarsch begleitet

Hin zu den Gewässern die zum
Ertrinken geschaffen wurden
Weg von den Jugendgirlanden
Die schon Kompost sind der Zweckverkehr
Kommt mit Nutzwaren beladen
Entgegen und rammt unsere
Mägen sodass die schrumpfen

Im Bedrängen dass wir
Zu anderem bestimmt sind
Als dass wir Glücksgroschen aus
Den Beißträumen schlagen
Wir müssen hoch und durch Blasmund
Fanfaren bespeicheln doch
Im Eigenmantel der Schreierei übelt es

Nächstens verlieren wir die Namen
Im Gewinnen gewinnen wir nichts
Sondern gehen zu Boden
Müssen dort unseren Eigenduft erschnüffeln
Vom Erdboden aus und vor den
Eisenknien unserer Gestalter
Schimmern Glücksgroschen hervor

Trübsal meiner Herbstzeitlosen

Trübsal meiner Herbstzeitlosen. Aus Kübeln
Gießt es mir in Saint-Germain-des-Prés auf Kopf und Schulter
Als wollt Paris das Flanieren mir verübeln
Es prasselt ich geh am Rand
Der Place de Vosges. Eine alte Frau
Hält mir entgegen ihre Klagehand.
Ich geb zwar Münze doch die Luft wird grau.

Im Marais rue de Turenne ists trocken
Polierte Leute an polierten Tischen
Die mit den Lefzen schweben über Fischen
Mit müden Blicken ihre Zeit verhocken.
Und schließlich Gare du Nord ein Zwickel
Aus Menschenmengen echtes Punkteleben.
Ich bin mein Doppelpunkt am Gleis daneben
Und Polituren haben mich am Wickel.
Mit Er-Ö-Er fahr ich sodann hinaus
Über Drancy zum Aerogare.
Die Herbstzeitlose weint sich aus.
Ich kehr zurück und bin doch wo ich war.

Le Mont-Saint-Michel

Im Departement Manche
Es ist Juli gehen
Wir umher wo neben
Vor und hinter uns dreitausend
Leute einer Insel
Zustreben die nach altem Übereinkommen
Le Mont-Saint-Michel genannt ward

Aber morgen beim Omaha-
Und Utah-Beach
Haben wir andere Erwartungen

Wir legen Steine auf die Gräber
auf dem Amisoldatenfriedhof
Für die welche ihr Leben tauschten
mit unserem

Im Gange

Für Wolfgang Kaußen

Zarte halbdurchsichtige Schlieren
Beginnen mein Gehirn zu durchmasern
Der Anfang ist da dessen Schluss
Die Finsternis hinter den Augen

Die Lapprigkeit der Gedanken dreht sich
Nach innen ins Gallert

So schneidet sichs und Nebel Nebellöcher
Der granitene Himmel

Wörter zu Worten noch
Der Blick lichtempfänglich noch

Und bisweilen vernehme ich
Das Knistern des Daseins

Hitzeperlen

Der Einstieg in die Schattenwand
Vollzieht sich mit der schwarzen Hand
Die weiße zappelt beim Gesäß
Der Körper fragt: Ist das gemäß?

Ist man dadorten eingedrungen
Schnauft man wieder ungezwungen
Man lebt vergnügt im Außerfern
Und hat die Menschheit nicht sehr gern

Die Hitzeperlen aber sind es
Sie sind wie Tränen eines Kindes
Und sie verrotzen alsobald
Es überzieht der dunkle Wald

Die Schattenwand den Sonnenschiefer
Die Klargedanken rutschen tiefer
Am Ende beim Gelächterbruch
Liegen die Ahnen ihr Geruch

Ist würzig wie Vergangenheiten
So kommen wir zu neuen Zeiten
Wir fallen aus der Schattenwand
Und kommen an im eignen Land

Der Traum vom Grünen Tal

Wenn die Wörter aufs
Gegenüberliegende Gesicht
Prallen es schürfen
Abnagen seltene und
Anstrengende Züge
Zurechtschneiden dann
Rastet die Zeit
Auf der Gurgel
Die He-Du-da angemaulten
Personen auch ich
Mit zuckenden Achseln
Auf denen die Gedanken wippen
Wie Kiebitze am Draht
Erfahren was ein Pflopf ist
Danach noch der Traum vom
Grünen Tal

KAPITEL 6

Doch die Spätliebe unter den Sternen

Krähen

Des Winterhimmels schwarze Tränen
Beregnen das ansteigende Schneefeld
Das mir entsteht als da ich mich zusammenräume
Und adjustiere und dann links und rechts
Die Leute grüß bis ich mir meinen Tod zusammenträume.
Dazwischen tritt die Welt
Aus meinen Adern. Ende des Geschlechts
Von Hüttenzauberern Palästenkriegern.
Genossen die Genossen sind von diesen und von jenen
Lassen fließen ihre purpurroten Tränen.
So leert der Winterhimmel sich und seine Flocken
Stürzen aus ihm bedecken mir mein Feld
Sodass wenn Krähen Kurs nach oben nehmen
Ich grüßend eile um an ihnen anzudocken.

Vorm Absterben 3

So nahe vom Unabänderlichen
In geschickter Nachbarschaft
Zum Erstarrten wirbelt
Mein Nachlassleben durch
Die Vorläufigkeiten
Schlafkristalle schließen
Die Tagträume weg

Was wird

Was wird noch aus meiner Zeit
Die Kaffeehäuser geschlossen
Die Wortgefechte verstummt
Täglich die Abendsonne
Die Nächte immer schwerer werdende
Stockdunkle Bettdecken
Doch die Spätliebe
Unter den Sternen

Senex 2

1

Krähen fliegen übers Dach
Des Hauses in dem ich wohne. Mitten im Mai
Streichen die grauen Schatten
Über meinen Genickhafen

Durch die Plafonde meiner Heimstatt
Folgt ihnen mein Blick die da
Ohne jegliches Gekrächz
Lobauwärts gleiten

Das silberne Donauband hiebei
Querend um hernach längs
Dem Nordost zuzufliegen
Einträchtig Schnabel auf Schwanz

2

Krähen flogen übers Dach
Sind verschwunden. Im heruntergefallenen
Morgengrauen nehme ich ein Bad
Der Wannenrand stützt den Genickhafen ab

Über die Lügenbrücke

Für Herta Müller

Über der Lügenbrücke von Hermannstadt
Wölbt sich ein wahrhaftiger Himmel
Dohlen eilen unter ihm
Zu den sichereren Baumkronen

Mein Geier

Vom Hautsteg der Milz
Extra herausgewachsen
Hebt sich der Geier der
Mit dem kehlchenroten Hals
In die Magenluft zieht
Kreise und Ellipsen unter
Ihm schuppt der Schmerz
Als Aas die Haut ab sodass
Der Geier landet
Unter den Luftwirbeln
Im roten Revier

Im beginnenden Winter

Im beginnenden Winter meines Lebens
Schwimmen Teile des eignen Gedächtnisses
Als Eisschollen den Fluss hinab

Am Balkon stehend sehe ich ihnen nach
Die blattlosen Pappeln biegen sich
Vor meinem Gesicht im Westwind

Poetenzores

Es gibt Tage da wollen die Wörter nicht kommen
Es gibt Nächte da wollen die Wörter nicht gehen

Gleichgültiges Atmen

Gleichgültiges Atmen
Mit heiklen Synkopen
Das ist mein Alter nun

Ein plötzliches Lächeln
Dem gefangenen Wind abgeluchst
Das ist mein Alter nun

Durch den Nachsiebzigerleib
Schiebt mir das Vorderhirn
Einen Vers durch den Zwerch

Der als er beim Kehlkopf
Seine Wucht im Zartgaren findet
Sich aufpflopft und

Die Wörter wie Tropfen verperlt
Und mit Flachatem
Poliert

KAPITEL 7

Jeder Morgen mit Rotkehlchen bevölkert

Hineinstürzen ins Wort

Hineinstürzen ins Wort mit Schlieren
Und drehenden Ohrensegeln.

Stille entweicht. Eine Aura
Schmeckt sich selbst ab. Rastert.

Es gibt nichts zu fassen außer alles.
Nichts zu leben außer das Endzerfaserte.

Herausschweben aus den Wörtern.
Zu Boden zu Schlier und zu Schlick.

Wanderungen mit Salut

Für George Troller zum Siebenundneunzigsten

Ausgedehnte Ruehatscher vom Dreizehnten
Zur Place de la Concorde. Gewusel
Der Liebe ins Himmelblaue posaunt. Die
Clochards erwachen Gebimmel von Saint Severin. Die
Bettler sehen mir gleichgültig auf den Rücken weil ich
Mit Raissa in die Rue de la Huchette abbiege. Die alte
Eule sonnbeglänzt. Über dem Seinegeläufe
Eilen Federhütchenwolken. Ich lange hinauf
Ziehe eine davon vor meiner auflachenden Madame
Vom Himmel. Am Pont Neuf lehnen wir uns an
Inmitten dieses Stegs. Wörter von Küssen eingesponnen
Queren als Sprechwiesel behend die doppelte Mundhöhle

Abends begeht George seinen Geburtstag ohne Stock
Rumpelt er vom Zimmer zur Küche zum Zimmer
Aus seinem schmalen Antlitz enthüpft das Lächeln
Schwebt hinunter. Leute legen
Ihre Köpfe in die Nacken lassen sich bescheinen
Von einem verschmunzelten Mond. Nächsten
Morgen ein Tag in Paris
Ein Abend ein hoch fliegender Stern

Übung

Wer das Unmögliche
Nicht will

Dem wird das Mögliche
Unmöglich

Rondo (Unkräftig)

Unkräftig ist wohl alles was ich mache
Zwar queren mich der Worte innre Welten
Doch hinterlassen sie die Spur der Kälteskälten
Unkräftig ist wohl alles was ich mache

Zwar queren mich der Worte innre Welten
Doch reise ich mit ihnen dann? Mitnichten
Und hinterdrein gibts allerlei zu richten
So queren mich der Worte innre Welten

Und hinterlassen sie die Spur der Kälteskälten
Die harscht und glitzert aus: Ein Eisesleben
Die Worte treiben aus zu Wörterwelten
Unkräftig lebe ich daneben

Und innendrin im Wörtermaul die ganze Sache
Ein Spurenschneck ein Döschen aus Erinnern
Unkräftig ist wohl alles was ich mache
Der Sturm vom Paradies tobt in den Himmelszelten

Lebensknoten

Im Spital zu den Barmherzigen Brüdern
Lag ich befüllter Angstraum mit Angstzeit
Märsche durch die Korridore
Schwestern grüßen Ärzte grüßen
Sich selber grüßen niemand grüßen
Alte Wörter verlassen verwaschen den Mund

Dort bei den Brüdern
Zerknüllte sich diese Zeit
Schwestern trugen sie fort
Brachten stattdessen einen Bluntschli
Den von Doktor Kreisler

Das Tal wird grauer

Das Tal wird grauer
Aus Baumhöhlen
Schießen spritzige Tränenbäche Vögel
Mit schielenden Blicken
Umstehen Sträucher. Ich gehe
Den Serpentinenweg hinauf.

Den Schlangenweg hinab und hinüber
Zum angemoosten Gestein.
Vor dem Felsentor steht ein Wächter. Um
Den Hals in dem der Adamsapfel hüpft
Das Stethoskop. Aus der Höhle
Eine Frauenstimme die Callas.

Drin angekommen find ich mich ab
Mit den zersplitternden Knöchelchen
Und süßle durch die Restzeit.

Gebet

Blühe Gedicht im Sprachherbst
Inmitten verzankter Dative und
Ausgebleichter Akkusative blühe
Aus ihnen heraus heraus
Aus dem Gegenwärtigen
Blühe aus dem das Künftige
Abschlagenden Sprachschutt.

Ranke dass deine Dolden
Unsere Kinder verköstigen

Die Wegstrecke

Von oben von unten Übelkeit
Die Wegstrecke vage. Durch dünnen
Nebel die letzten Wälder
In Sicht. Dummes Gebirg am Ende seit
Ewigkeiten verwölbt und doch
Eine glatte Sache die eigene Endlichkeit
Denn der Novemberwind streicht
Um die späten Obdache und stochert

An den Dachziegeln und summt bringt
Von unten nach oben die Süße und
Sickert herauf. Jede Dämmerung eine
Schubertsinfonie jede Nacht
Verhüllt Alberichverhältnisse aber
Jeder Morgen mit Rotkehlchen bevölkert.
In diesem Gezwitscher möchte ich einschlafen
Von oben von unten Gezwitscher

Glossar

abscharten: abblättern
Bidne neschume: arme Seele
Bluntschli: »Der Bluntschli«, Lied von Georg Kreisler; man erfährt nicht, was ein Bluntschli ist; Hauptfigur in G.B. Shaw's Theaterstück »Helden«
dabbeln: Stufen rasch hinuntergehen
Fiedelbruch: analog zu Steinbruch, eine Anhäufung von Fiedeln
Foto: hier österr. umgangsspr. für den Fotoapparat
God: Vergrößerungsform für Goderl, das Kinn
Gschnasnasen: Clownsnasen
Kirtag: Kirchtag/Jahrmarkt
knotzen: untätig herumhängen
Loser: Berg im Ausseer Land
March: Grenzfluss zwischen Österreich und Tschechien
Olim: einst
pempert: scheppert
Pflopf: großes Ereignis; *sich aufpflopfen*: sich aufblähen (beides Neologismen)
Popsch: Hintern
Pumper: von pumpen
mir geht der Reis: ich habe Angst
Spurenschneck: die Spur einer Schnecke, Schleimspur
Tuchent: dicke Bettdecke
überkulter: übertreiben
Waudowin: ein Kunstwort
Wehturinne: zusammengesetztes Wort; eine Rinne, die durch Schmerz gebildet wurde
zufurcht: zu meiner Furcht
Zweierschlapfen: zweitklassige Pantoffeln

Inhalt

Kapitel 4
Es ist die altneue Carambazeit

Kapitel 5
Bisweilen vernehme ich das Knistern des Daseins

Kapitel 6
Doch die Spätliebe unter den Sternen